Eckart Hien
150 Jahre deutsche Verwaltungsgerichtsbarkeit

Schriftenreihe
der
Juristischen Gesellschaft zu Berlin

Heft 191

150 Jahre
deutsche Verwaltungsgerichtsbarkeit

von
Eckart Hien

Vortrag,
gehalten vor der
Juristischen Gesellschaft zu Berlin
am 9. Oktober 2013
im OVG Berlin-Brandenburg

De Gruyter

Dr. h.c. *Eckart Hien*,
Präsident des Bundesverwaltungsgerichts a.D.

ISBN 978-3-11-035052-4
e-ISBN 978-3-11-035054-8

Bibliografische Information der Deutschen Nationalbibliothek

Die Deutsche Nationalbibliothek verzeichnet diese Publikation
in der Deutschen Nationalbibliografie; detaillierte bibliografische Daten
sind im Internet über http://dnb.d-nb.de abrufbar.

© 2014 Walter de Gruyter GmbH, Berlin/Boston

Druck und Bindung: Hubert & Co. GmbH & Co. KG, Göttingen

♾ Gedruckt auf säurefreiem Papier

Printed in Germany

www.degruyter.com

Übersicht

1. Einleitung

Es freut mich besonders, heute vor der Juristischen Gesellschaft zu Berlin zum Thema „150 Jahre deutsche Verwaltungsgerichtsbarkeit" sprechen zu dürfen. Ist doch diese ehrwürdige juristische Gesellschaft bereits im Jahr 1859 gegründet worden. Sie ist also vier Jahre älter als unser heutiger Jubilar und vor allem 16 Jahre älter als die 1875 ins Leben getretene preußische Verwaltungsgerichtsbarkeit. Das bedeutet, dass gerade frühere Mitglieder dieser Gesellschaft an der lebhaften Diskussion beteiligt waren, die damals zum „Ob" und vor allem zum „Wie" der Einführung einer Verwaltungsgerichtsbarkeit geführt wurde.

Einen Beweis für diese Beteiligung, etwa durch das Studium von Archiven, kann ich mir wohl ersparen. Ein Blick in die Runde der hier versammelten Persönlichkeiten und deren Bedeutung im hiesigen Rechtsleben rechtfertigt den prima facie Beweis – der auch im Rahmen der verwaltungsgerichtlichen Amtsermittlung zulässig ist – dass ein so wichtiges justizpolitisches Thema auch damals von den seinerzeitigen Mitgliedern dieser Gesellschaft maßgeblich beeinflusst worden ist.

Ein zweiter Anlass zur Freude ist der Ort dieser Veranstaltung, der große Sitzungssaal hier im Gebäude des ehemaligen Preußischen Oberverwaltungsgerichts, eines Gerichts, das die frühere Rechtsprechung der Verwaltungsgerichte und auch das materielle Verwaltungsrecht maßgebend geprägt hat.

Möge dieser genius loci meinen trockenen Worten etwas Lebenssaft verleihen.

150 Jahre – das klingt aus der Perspektive eines Menschenlebens sehr lange, aus der Perspektive von Institutionen eher mittelmäßig, aber vor dem Hintergrund des Alters von Straf- und Zivilgerichten sind diese 150 Jahre eine sehr kurze Zeitspanne.

Der Zeitpunkt der Entstehung von Zivil- oder Strafgerichten lässt sich kaum kalendarisch festmachen. Sie entstanden wohl immer dann, wenn der archaische Zustand von Blutrache, Eigenmacht und Selbstjustiz als so unbefriedigend empfunden wurde, dass man zu rationaleren Streitschlichtungen überging. Diese Situation wird etwa in der Orestie von *Aischylos* aus dem Jahr 458 v. Chr. dargestellt: Die ersten zwei Akte dieser Tragödie enthalten nur Mord und Totschlag, Rache und Gegenrache, bis es dann den Göttern im dritten Akt – vielleicht aus eigenem Verantwortungsgefühl – zu bunt wird. Sie greifen ein, um diese hoffnungs- und sinnlose Gewaltspirale zu unterbrechen. Die Lösung heißt: Über Schuld und Verbrechen entscheidet nicht der Einzelne mit den Mitteln von Gewalt und Rache, sondern ein Gericht.

Man wird also sagen können, dass es Gerichte, die wir heute die „ordentlichen" nennen – in welcher Form und mit welchem Verfahren auch immer – je nach Kulturkreis seit mehreren tausend Jahren gegeben hat.

2. Geschichtlicher Hintergrund zum Beginn

Darum lautet die entscheidende Frage nicht, warum gibt es **schon** seit 150 Jahren die Verwaltungsgerichtsbarkeit, sondern warum gib es sie **erst** seit 150 Jahren. Die Antwort lautet:

Weil erst in der zweiten Hälfte des 19. Jahrhunderts in Deutschland die politischen Verhältnisse „reif" dafür waren. Es war – vereinfacht ausgedrückt – die Abkehr von der absoluten Monarchie und die Hinwendung zu einer Staats- und Regierungsform, die vom Grundsatz der Gewaltenteilung geprägt war. Vor dem Hintergrund der französischen Revolution und der Gedanken *Montesquieus* setzte das durch die napoleonischen Befreiungskriege und den wirtschaftlichen Fortschritt gestärkte liberale Bürgertum[1] die Forderung durch, dass der Staat nicht willkürlich in ihre Freiheitsrechte eingreifen durfte, sondern nur dann, wenn eine gesetzliche Regelung diesen Eingriff zuließ. Diese rechtliche Eingrenzung der Staatsmacht konnte aber nur dann effektiv sein, wenn eine von der Exekutive unabhängige Instanz die Befugnis hatte, Rechtsüberschreitungen festzustellen und zu korrigieren. Schon damals war klar, dass die Einräumung von Rechten nur dann wirkungsvoll sein kann, wenn ihre gerichtliche Durchsetzung garantiert ist. Das Recht nur auf dem Papier ist ein zahnloser Tiger; oder: ein Rechtssystem ohne ge-

---

[1] Vgl. *Reuß* JR 1963,321.

richtlichen Rechtsschutz hat sozusagen einen anderen Aggregatszustand als ein System mit Gerichtskontrolle.

Montesquieu räumte übrigens in seinem 1748 veröffentlichten Werk „Vom Geist der Gesetze", das auf die Entwicklung hin zur Gewaltenteilung von großem Einfluss gewesen ist, der richterlichen Gewalt ein ziemlich geringes Gewicht ein. Der Richter sei nur „der Mund, der die Worte des Gesetzes ausspricht", aber weder seine Schärfe noch seine Strenge zu mildern vermöge. Deshalb sei die dritte, also die richterliche Gewalt, „in gewisser Weise gar nicht vorhanden" *(„en quelque façon nulle")*.

In diesem Punkt hat sich der Altmeister der Gewaltenteilung freilich geirrt. Natürlich konnte er nicht den gut 200 Jahre später auftretenden enormen rechtspolitischen Gestaltungswillen unseres Bundesverfassungsgerichts voraussehen – wobei ich offen lassen muss, ob er angesichts dieser Entwicklung seine Meinung geändert oder aber bedenklich den Kopf geschüttelt hätte.

Wie dem auch sei, seine Gedanken waren von großem Einfluss für die Forderung nach einem gerichtlichen Rechtsschutz gegenüber der Exekutive, die in § 182 der Paulskirchenverfassung von 1849 mit folgenden Worten zum Ausdruck kam:

„Die Verwaltungsrechtspflege hört auf; über alle Rechtsverletzungen entscheiden die Gerichte."

Um diesen Satz zu verstehen, muss man sich die damalige Situation vor Augen führen: Es gab schon eine behördeninterne Kontrolle in einem gerichtsähnlichen Verfahren, diese wurde aber von Beamten durchgeführt, die zwar im Einzelfall teilweise weisungsfrei entscheiden konnten, aber gleichwohl Teil der Exekutive blieben, also insbesondere jederzeit versetzbar waren.

Diese Art der Administrativjustiz sollte also durch eine echte Gerichtskontrolle abgelöst werden, deren Wesensmerkmal darin liegt, dass die Richter organisatorisch und inhaltlich unabhängig sind.

3. Gründe
für eine eigenständige
Verwaltungsgerichtsbarkeit

Die entscheidende Frage war nun, ob diese gerichtliche Kontrolle den bereits bestehenden Zivilgerichten übertragen wird, oder ob dafür eine – bisher ja nicht existierende – eigenständige Verwaltungsgerichtsbarkeit aufgebaut werden soll.

Sie ahnen bereits, dass sich letztere Ansicht durchgesetzt hat, sonst säßen wir ja heute nicht hier.

Interessant sind daher nur die Gründe, die zu dieser Entscheidung geführt haben. Es war die Sorge, dass die Zivilrichter nach Ausbildung und Werdegang den Besonderheiten und Bedürfnissen der Verwaltung nicht ausreichend Rechnung tragen würden.[2] Oder wie auch formuliert wurde: Der Verwaltung soll durch die gerichtliche Kontrolle der Weg zu künftigem rechtmäßigem Handeln gewiesen werden. Den Weg könne aber nur weisen, wer ihn selbst aus eigener Erfahrung kenne.

Hinzu kam wohl, dass die damals sehr kraftvolle Exekutive sich nicht unter „das Joch" einer sich zunehmend liberal gebenden Justiz begeben wollte.[3] Schließlich hatte auch die Erkenntnis, dass eine Unterscheidung zwischen öffentlichem und privatem Recht zu unterschiedlichen Verfahrensvorschriften führen sollte, Einfluss auf die Entscheidung.

Diese Überlegungen führten also in der zweiten Hälfte des 19. Jahrhunderts zur Bildung einer eigenständigen Verwaltungsgerichtsbarkeit auf deutschem Boden. Wenn wir heute über 150 Jahre sprechen, müssen wir uns allerdings bewusst sein, dass „die deutsche Verwaltungsgerichtsbarkeit" insoweit eine Idealisierung darstellt, der in der Realität sowohl in zeitlicher als auch in räumlicher Hinsicht ein eher „ausgefranstes" Gebilde zugrunde lag, nicht aber ein Monolith.

Ich darf daran erinnern: Im Jahr 1863 entstand das erste Verwaltungsgericht im Großherzogtum Baden, also in einem selbständigen

---

[2] Vgl. *von Unruh* DVBl. 1975, 838; *Reuß* aaO; *Sendler* VBlBW 1989, 41.

[3] Vgl. *Jürgen Kipp* Einhundert Jahre – Zur Geschichte des Gebäudes des Kammergerichts, 2013, S. 18.

Staat. Das Deutsche Reich gab es noch nicht und es war damals auch nicht wirklich absehbar, dass und wann und in welchen Ausmaßen es entstehen würde.

Noch 1866, also fünf Jahre vor der Reichsgründung, schrieb *Bismarck* an den preußischen Botschafter in Paris, er halte es für unmöglich, das süddeutsch – katholisch – bayerische Element in das Reich einzubeziehen. Dieses – also das bayerische Element – werde sich von Berlin aus für lange Zeit nicht gutwillig regieren lassen; und der Versuch, es gewaltsam zu unterwerfen, würde dem Reich dasselbe Element der Schwäche schaffen, wie Süd-Italien dem dortigen Gesamtstaat. Angeblich wurden die Bayern dann doch durch eine Gabe aus dem Welfenfonds an Ludwig II. – heute würde man vielleicht Bestechung sagen – ins Reich gelockt.[4]

Wie dem auch sei, die Verwaltungsgerichtsbarkeit wurde nicht auf einen Schlag „in Deutschland" eingeführt, sondern in zeitlicher Abstufung zunächst 1863 in Baden, 1875 in Preußen und Hessen (und auch in Österreich), 1876 in Württemberg, 1878 in Bayern und 1900 in Sachsen.

Wir sollten auch daran erinnern, dass die Verwaltungsgerichtsbarkeit auf deutschem Boden keine ungebrochene zeitliche Existenz aufweist: Im Dritten Reich wurde sie zwar erst im August 1944 förmlich aufgehoben, sie kam aber auch vorher schon praktisch mehr oder weniger zum Erliegen. Auch in der DDR gab es über 40 Jahre lang keine Verwaltungsgerichtsbarkeit.

Die damalige Skepsis, die Zivilrichter würden eventuell die Bedürfnisse der Verwaltung nicht ausreichend berücksichtigen, hatte zur Konsequenz, dass die Richterschaft des PreußOVG zur Hälfte aus der Justiz und zur Hälfte aus der Verwaltung besetzt wurde.[5]

Dieser Grundsatz hat die Zeit nicht überdauert. Heute wird man nach dem zweiten Staatsexamen entweder Zivil-, Straf- oder eben Verwaltungsrichter, eine gesonderte praktische Verwaltungserfahrung wird für Verwaltungsrichter nicht mehr gefordert – mit einer, freilich sehr bedeutenden Ausnahme: In Bayern kann Verwaltungsrichter nur werden, wer mindestens zwei Jahre an verantwortlicher Stelle – also

---

[4] Vgl. *Hien* Festschrift für Peter Raue, 2006, S. 99 f.
[5] Vgl. *von Unruh* aaO.

nicht nur als Praktikant oder Referendar – in der Verwaltung tätig war. Ich halte diese Regelung soz. naturgemäß, da in Bayern sozialisiert, für richtig aber auch sonst für wünschenswert.

Ich räume aber ein, dass es den einen oder anderen Kollegen geben mag, der auch ohne praktische Verwaltungserfahrung zu sinnvollen Ergebnissen kommt.

Im Übrigen haben die damaligen Argumente für und wider die Einführung einer gesonderten Verwaltungsgerichtsbarkeit auch in jüngster Zeit wieder eine Rolle gespielt. So haben die „postsowjetischen" Staaten nach dem Fall des Eisernen Vorhangs alle vor der Frage gestanden, in welcher Art und Weise der Rechtsschutzes gegen staatliches Handeln gestaltet werden soll. Zur Wahl standen im Wesentlichen zwei Modelle: Das anglosächsische Modell der Einheitsgerichtsbarkeit (wie z.B. in England, USA oder Dänemark) – also alle Rechtsgebiete unter einem Dach – oder das kontinentaleuropäische Modell der gesonderten Gerichte für öffentlich-rechtliche Fälle.

Man hat sich in den osteuropäischen Ländern – auch mit beratender Unterstützung durch viele deutsche Kollegen – ganz überwiegend für die gesonderte Verwaltungsgerichtsbarkeit entschieden, wobei ein zusätzlicher Aspekt betont wurde:

Vor allem in Staaten, die sich in einer rechtsstaatlichen Aufbau- und Entwicklungsphase befinden, kann die Errichtung einer eigenständigen Verwaltungsgerichtsbarkeit dazu beitragen, das öffentliche Bewusstsein dafür zu schärfen, dass die Verwaltung jetzt eben anders als früher einer eigenständigen und unabhängigen Kontrolle unterworfen ist. Die Verwaltungsgerichte symbolisieren hier also zugleich den Wandel von der bisherigen autoritären Staatsstruktur hin zu rechtsstaatlichen Verhältnissen.

Die Anerkennung der Prinzipien des Rechtsstaats wird also institutionell abgesichert und nach außen sichtbar dokumentiert.

4. Struktur und Zuständigkeit
vor 150 Jahren

Werfen wir nochmal einen Blick zurück in die Anfangszeit der Verwaltungsgerichtsbarkeit. Dabei beschränke ich mich im Folgenden auf die Rechts- und Sachlage in Preußen. Diese Beschränkung ist nicht nur dem genius loci geschuldet, sondern auch der Tatsache, dass das PreußOVG das mit Abstand bedeutendste Gericht war. Das wird schon aus seiner örtlichen Zuständigkeit deutlich: Das Gericht war zunächst zuständig für die Provinzen Preußen, Brandenburg, Pommern, Schlesien, Sachsen und Hohenzollernsche Lande und dehnte seine Zuständigkeit bis 1891 aus auf Hannover, Hessen-Nassau, Westfalen, die Rheinprovinz, Schleswig-Holstein, Posen und Helgoland.

Der wesentliche Unterschied der damaligen Verwaltungsgerichtsbarkeit zur heutigen bestand darin, dass die Gerichtsbarkeit nur einstufig war, nicht wie heute dreistufig. Auf der unteren Ebene verblieb es bei der sog. Administrativjustiz, also dabei, dass über eine Klage oder Beschwerde des Bürgers zunächst eine verwaltungsinterne Instanz zu entscheiden hatte, die man etwa mit den heutigen Widerspruchsausschüssen bei den Landkreisen und kreisfreien Städten vergleichen kann. Nur auf der oberen Ebene gab es eine echte, also von der Exekutive unabhängige Gerichtsinstanz, das Oberverwaltungsgericht.

Zum anderen war die Zuständigkeit der Gerichte beschränkt auf solche Rechtsgebiete, die durch Gesetz ausdrücklich bestimmt wurden – also nicht wie heute eine Generalklausel, sondern das Enumerativprinzip.

Trotz dieser formalen Beschränkung brachte die Reform insgesamt einen gegenüber dem bisherigen Zustand doch recht weitreichenden Rechtsschutz, vor allem weil die für das Bürgertum wesentlichen Bereiche von der Gerichtskontrolle erfasst waren, also insbesondere das Gewerberecht, das Polizeirecht und das Steuerrecht (nebenbei: etwa die Hälfte der Fälle des PreußOVG betrafen damals das Steuerrecht).

5. Beispiele
aus der Rechtsprechung
des PreußOVG

Was die Rechtsprechung betrifft, erfüllte das PreußOVG keineswegs die Erwartungen, die manche mit der Einführung einer auch durch Verwaltungsleute besetzten gesonderten Gerichtsbarkeit verbunden haben mögen – nämlich sozusagen eine besonders verwaltungs- oder obrigkeitsfreundliche Spruchpraxis.

Im Gegenteil: Bereits in den ersten Entscheidungen kam die wirkliche Unabhängigkeit des Gerichts gegenüber der Exekutive oder politischen Erwartungen klar zum Ausdruck.

Ich referiere kurz ein im ersten Band der Entscheidungssammlung veröffentlichtes Urteil:

Die zuständige Polizeibehörde hatte die Versammlung einer katholischen Pfarrgemeinde in Westpreußen, auf der polnisch gesprochen wurde, mit der Begründung aufgelöst, die gesetzlich bestimmte Überwachung der Zusammenkunft könne nicht erfolgen, da der hierfür bestimmte Beamte kein polnisch könne. In der mündlichen Verhandlung berief sich der Innenminister auf einen Artikel der preußischen Verfassung, wonach nur Deutsche das Recht hätten, sich friedlich zu versammeln. Dem widersprach das Gericht; diese Vorschrift könne nicht so ausgelegt werden, dass eine derartige Rechtsungleichheit entstehe. Im Gegenteil entspreche der Gebrauch der Muttersprache der Beteiligten bei Versammlungen „dem Wesen der Sache". Da das bestehende Gesetz keinesfalls die Auflösung dieser Versammlung gerechtfertigt habe, gab das Gericht der Klage statt.

Dieser ersten Entscheidung folgten zahlreiche ähnliche Judikate zum Schutz des Volkstums von Minderheiten. *Gerhard Anschütz* konnte deshalb 1897 in einem Rückblick auf die 20-jährige Judikatur des PreußOVG feststellen, dass sich darüber vor allem „unsere polnischen Mitbürger" nicht zu beklagen brauchten.

Die Bewertung der Rechtsprechung des PreußOVG hing freilich auch vom jeweiligen politischen Standpunkt ab.

Die Vossische Zeitung vertrat zum 25-jährigen Bestehen des Gerichts im Jahre 1900 die Meinung, das Gericht habe sich allseitige Anerkennung verdient wegen der Klarheit, Unbefangenheit und Gemeinverständlichkeit seiner Urteile und wegen der Fortbildung des Rechts in Richtung Billigkeit und gesundem Menschenverstand.

Demgegenüber war der „Vorwärts" der Auffassung, die reaktionäre Rechtsprechung des Gerichts sei weit über die Grenzen Preußens bekannt.

Natürlich muss ich hier noch mindestens zwei Judikate nennen, nämlich das „Kreuzberg -Urteil" und das Urteil zu *Gerhard Hauptmanns* Theaterstück „Die Weber". Die meisten der hier Versammelten werden diese Entscheidungen im Grundsatz kennen; ich werde deshalb versuchen, einige besonders interessante Aspekte zu beleuchten.

a) Das Kreuzberg-Urteil

Um das Jahr 1880 bestand die Gefahr, dass Schinkels 1821 errichtetes Nationaldenkmal für die napoleonischen Befreiungskriege – die übrigens vor 200 Jahren stattfanden, das hierfür in Leipzig errichtete Völkerschlachtdenkmal feiert dieses Jahr sein 100-jähriges Bestehen – durch die hochaufstrebende Bautätigkeit auf den umliegenden Grundstücken vollständig zugebaut würde. Die Verwaltung erließ daraufhin eine Polizeiverordnung zur Beschränkung der Bebauungshöhe. Ein Grundstückseigentümer, dem man auf der Grundlage der Verordnung die Baugenehmigung für ein viergeschossiges Wohnhaus versagt hatte, führte daraufhin zwei erfolgreiche Prozesse vor dem Preußischen Oberverwaltungsgericht, von denen insbesondere das sog. „Zweite Kreuzbergurteil" vom 14. Juni 1882 in die Geschichte des Polizeirechts einging und noch heute als Großtat des OVG gefeiert wird.

Das Gericht legte darin den im Allgemeinen Landrecht von 1793 festgelegten Polizeibegriff in einem rechtstaatlichen Sinn eingeschränkt aus. Die Polizeibehörde dürfe ohne spezialgesetzliche Grundlage nur tätig werden, um von der Allgemeinheit oder Einzelnen konkrete Gefahren abzuwehren, durch die die öffentliche Sicherheit und Ordnung bedroht werde. Bei Sachverhalten aus dem Bau- und Denkmalschutzbereich seien diese Voraussetzungen grundsätzlich nicht erfüllt.

Seither haben alle Juristen gelernt, dass im Polizeirecht streng zu trennen ist zwischen der allgemeinen polizeilichen Aufgabe, für Sicherheit und Ordnung zu sorgen, und der konkreten Befugnis zu einem Eingriff in die Freiheitsrechte der Bürger. Dieser Grundsatz hat sowohl das Kaiserreich als auch die Weimarer Republik überdauert und war der Hintergrund für den berühmten Satz *Otto Meyers*:

„Verfassungsrecht vergeht – Verwaltungsrecht besteht."

Das Kreuzbergurteil wird noch unterschätzt, wenn man es auf seine polizeirechtliche Bedeutung reduziert.

Mit der Maxime des Gerichts, dass die Polizei nicht alles fordern dürfe, was sie nicht durch das Gesetz gehindert sei zu fordern, sondern nur fordern dürfe, was das Gesetz ihr ausdrücklich gestattet, errichtete das OVG den wichtigsten dogmatischen Grundpfeiler des Rechtsstaats, nämlich das Prinzip der Gesetzmäßigkeit der Verwaltung.[6]

Ein weiterer Aspekt sollte nicht unerwähnt bleiben: Es handelte sich hier um den klassischen Fall einer richterlichen Rechtsfortbildung, wie es sie immer wieder gegeben hat, wenn die positiv-rechtlichen Grundlagen zur Regelung von Sachverhalten nicht hinreichend waren, vor allem auch vor dem Hintergrund eines sich ändernden „Zeitgeistes".

Diese Rechtsprechung widerlegt zudem die oben angesprochene Ansicht von *Montesquieu*, die dritte Gewalt sei in gewisser Weise gar nicht vorhanden.

b) Gerhard Hauptmanns Drama „Die Weber"

Im Jahr 1893 untersagte der Polizeipräsident von Berlin dem Deutschen Theater (in der Schumannstraße) die Aufführung von *Gerhard Hauptmanns* Drama „Die Weber", weil die unteren Bevölkerungsschichten unter dem Eindruck dieses sozialistischen Tendenzstücks zur Auflehnung gegen die bestehende Ordnung fortgerissen werden könnten.

Hauptmann zog dagegen selbst vor Gericht und argumentierte unter anderem: Bei jedem Literaturwerk bestehe die Gefahr, dass Vorgänge und Anschauungen missverständlich verallgemeinert würden; dann müssten Gestalten wie *Julius Cäsar, Coriolan, Wilhelm Tell*, selbst *Faust* völlig von der Bühne verbannt werden.

---

[6] *von Unruh* DVBl. 1975, 838, 845.

Das Gericht hob die Verbotsverfügung auf mit der Begründung: Die Eintrittspreise im Deutschen Theater seien so hoch, dass sie sich nur Bevölkerungskreise leisten könnten, die nicht zu Aufruhr neigten.

Diese Begründung ist doch bemerkenswert. Das Gericht ist nicht in die Prüfung der gewiss schwierigen Frage eingetreten, ob der Inhalt des Theaterstücks tatsächlich „gefährlich" ist im Hinblick auf die öffentliche Ordnung. Es hat vielmehr das Brett an der dünnsten Stelle gebohrt und ganz pragmatisch nur auf die Auswirkungen der Aufführung des Stücks in diesem konkreten Theaterhaus abgestellt.

Das war schlau, weil arbeitssparend. Wäre das Theaterstück freilich wenig später im Arbeiterbezirk Moabit oder Neukölln kostenlos aufgeführt worden, hätte die Entscheidung sozusagen nichts genützt, weil die Gründe hierauf nicht zugeschnitten waren.

Ich vermute, die heutigen Verwaltungsgerichte würden den Fall — auch deshalb — viel grundsätzlicher angehen und nach ausführlicher Analyse des Theaterstücks, vermutlich mit Hilfe von literarischen und soziologischen Sachverständigen nach ca. zwei Jahren (bin ich zu optimistisch?) zu dem Schluss kommen, Aufruhr sei nicht auszuschließen, aber in Abwägung zur Kunstfreiheit des Schriftstellers und der Informationsfreiheit der Bürger sei das Stück zuzulassen.

Wie dem auch sei, eine bessere Werbung für sein Stück hätte sich *Gerhard Hauptmann* kaum wünschen können. Die Uraufführung war ein voller Erfolg. Es kam zu Beifallsstürmen, die am Ende fast doch noch zu einer Gefährdung der öffentlichen Ordnung hätten führen können.

Auf der politischen Seite wurde die Entscheidung des PreußOVG überwiegend kritisiert und beklagt, dass die Theaterlandschaft zunehmend von einer Stätte höherer Bildung zu einer Stätte der Darstellung von Unsitte und Unfug herabsinke. Innenminister *von Koller* wurde vom Preußischen Abgeordnetenhaus aufgefordert, schärfer gegen diese Entwicklung vorzugehen. Dieser war dazu gerne bereit, gab allerdings zu bedenken, dass „über den polizeilichen Entscheidungen zur Zeit die Entscheidungen der höheren Verwaltungsgerichte" stünden, und wie das PreußOVG entschieden habe, wisse man ja. Er hoffe allerdings, dass in nicht allzu langer Zeit die Entscheidungen desselben anders ausfallen würden.

Diese Äußerung des Innenministers deutet auf mindestens zweierlei: Zu einen auf einen gewissen „Frust" über die – nun wieder eindrucksvoll bewiesene – Unabhängigkeit der Richter, zum andern auf die mehr oder weniger verhüllte Drohung, bei der künftigen Besetzung von Richterstellen besser aufzupassen.

Übrigens hielt sich Kaiser *Wilhelm I* mit öffentlichen Missfallenskundgebungen weitgehend zurück. Er kündigte aber seine Loge im Deutschen Theater, legte den Angehörigen der Armee nahe, den „Webern" fern zu bleiben und erklärte schließlich in einem Telegramm an den Präsidenten des OVG: „Das Stück hätte nie aufgeführt werden dürfen; es ist dadurch, fürchte ich, viel Unheil gesät worden."

c) Die Kolberg-Entscheidung

Sicher gab es auch Entscheidungen des OVG, die – vor allem aus heutiger Sicht – als problematisch einzustufen sind. So etwa die „Kolberg-Entscheidung":

Der Bürgermeister der Gemeinde Kolberg in Pommern stellte dem Sozialdemokratischen Arbeiterverein Gemeinderäume für eine Wahlveranstaltung zur Verfügung. Dafür handelte er sich als Disziplinarmaßnahme eine Geldbuße in Höhe von 90 Mark ein. Das PreußOVG hat diese Maßnahme mit Urteil vom 13.12. 1895 bestätigt. Obwohl das Urteil nicht veröffentlicht wurde, hat es dazu eine lebhafte Pressereaktion gegeben. Es gab ebenfalls ein Telegramm des Kaisers vom August 1896, diesmal sehr wohlwollend, in dem er „den Herrn vom Gericht Glück zu dem mannhaften und richtigen Urteil in der Kolberger Sache" wünschte.

Er fügte hinzu: „Möge der klare Spruch auch jeden Schatten eines Zweifels bei meinen Untertanen beseitigen helfen, wie sie sich der alles negierenden und alles umstürzen wollenden, daher außerhalb der Gesetze stehenden gewissenlosen Rotte gegenüber zu verhalten haben". (Übrigens: Die SPD feierte dieses Jahr ebenfalls den 150-sten Geburtstag).

6. Die Zeit
des Nationalsozialismus

Ja, wie sich die Zeiten ändern! Eine gewisse Veränderung können wir auch feststellen, wenn wir uns hier die Ahnengalerie der Präsidenten des PreußOVG näher anschauen.

Der erste Präsident *Paul Persius* hatte dieses Amt von 1875 bis 1902 inne, dann kamen die weiteren Präsidenten *Kuegler, Peters, von Bitter, von Herrmann*. Und jetzt, das nächste Portrait zeigt die Veränderung: *Bill Drews* war von 1921 bis 1937 praktisch der letzte Präsident dieses Gerichts – und wir sehen ihn hier in roter Robe, während seine Vorgänger noch im schwarzen Frackanzug porträtiert sind.

Während die Richter der ordentlichen Gerichtsbarkeit schon seit 1879 in Robe und Barett amtierten, hielt man im OVG zunächst an dem traditionellen Frack fest. In den kargen Zeiten nach dem ersten Weltkrieg wurden aber die Kosten für den sich schnell abnutzenden Frackanzug doch fühlbarer. Andererseits wollte man der Würde des Gerichts wegen auch nicht in „buntscheckiger" Tageskleidung auftreten. Deshalb wurde zum 50-jährigen Bestehen des Gerichts die Robe als neue Amtstracht eingeführt.[7]

Mit dem Präsidenten *Drews* – den alten Hasen unter uns, und natürlich auch Häsinnen, bekannt durch den Polizeirechtskommentar „*Drews/Wacke*" – gleitet die Verwaltungsgerichtsbarkeit in die Zeit des Nationalsozialismus und erlebt dort mit dem Abbau der rechtsstaatlichen Ordnung ihren Niedergang.

Zunächst diente das oben erwähnte Enumerationsprinzip als Hebel für die immer stärkere Einschränkung der Gerichtskontrolle. Maßnahmen der Dienststellen der NSDAP und vor allem ab 1936 der Geheimen Staatspolizei wurden von der verwaltungsgerichtlichen Kontrolle befreit, aber auch z.B. wirtschaftspolitische Entscheidungen des Reichswirtschaftsministers und Maßnahmen der Kommunal- und Schulaufsicht. Auch die persönliche Unabhängigkeit der Richter wurde

---

[7] Vgl. *Bräutigam* Ein Jahrhundert Verwaltungsgerichtsbarkeit in Berlin, S. 38, Berliner Forum 8/75.

durch Erleichterung von Versetzungen beschränkt. 1939 wurde die Klagemöglichkeit der Bürger vor den Verwaltungsgerichten ersetzt durch eine verwaltungsinterne Beschwerde. Allein die Beschwerdebehörde hatte die Möglichkeit, das verwaltungsgerichtliche Verfahren zuzulassen. Das führte dazu, dass das PreußOVG z.B. im Juni 1941 ganze sechs neue Streitsachen hatte.

Das durch Führererlass von 1941 errichtete Reichsverwaltungsgericht war lediglich eine Zusammenlegung des PreußOVG mit dem Verwaltungsgerichtshof in Wien und anderen Sonderspruchstellen des Reichs. Am 7. August 1944 erging schließlich die „Verordnung über die Aufhebung der verwaltungsgerichtlichen Rechtsprechung". Damit war die bis dahin immerhin pro forma aufrechterhaltene Institution auch als solche abgeschafft.[8]

Was die inhaltliche Seite dieser sehr beschränkten Rechtsprechung angeht, gibt es erfreulicher Weise, neben tiefdunklen Schatten, auch gewisse Lichtblicke. So hat sich das PreußOVG z.B. gegen die Ansicht der Gewerbeaufsicht gewehrt, die allein aus der Tatsache, dass ein Gewerbetreibender Zigeuner, Jude oder Mitglied der SPD war, auf dessen gewerbliche Unzuverlässigkeit schließen wollte. Bekannt auch eine Entscheidung von 1937: Durch Polizeiverfügung waren drei Zigeuner aufgefordert worden, mit ihrem Wohnwagen binnen drei Stunden ihren Aufenthaltsort zu verlassen. Das PreußOVG hob die Verfügung auf mit folgender Begründung: „Als deutsche Staatsangehörige unterliegen Zigeuner keinem Ausnahmerecht. Wie sie den allgemeinen gesetzlichen Verpflichtungen unterworfen sind, befinden sie sich andererseits auch unter dem Schutz der Gesetze. Freilich ist die Polizei berechtigt, den aus den eigentümlichen Lebensgewohnheiten der Zigeuner und ihrem Nomadentum entspringenden besonderen polizeilichen Gefahren entgegenzutreten. Sie kann sie aber nicht von Ort zu Ort jagen".[9]

Horst Sendler, der frühere Präsident des BVerwG, hat daraus anlässlich des 125-jährigen Bestehens der Verwaltungsgerichtsbarkeit den Schluss gezogen, dass es trotz der Schattenseiten – etwa der Übernahme des

---

[8] Vgl. *Bräutigam* aaO.
[9] PreußOVG 97,117, 119.

Gedankenguts des NS – Chefideologen *Alfred Rosenberg* in so manchen Urteilstext – wohl keine wirklich „furchtbaren Juristen" in der Verwaltungsgerichtsbarkeit gegeben hat, wohl auch hauptsächlich deshalb, weil sie keine Zuständigkeit in wirklich brisanten Angelegenheiten hatte. Er hat aber auch einschränkend hinzugefügt, dass von einer gründlichen Aufarbeitung dieses Kapitels wohl noch nicht gesprochen werden könne,[10] und an diesem Befund hat sich bis heute – wenn ich es recht sehe – nichts geändert.

7. Struktur der Verwaltungsgerichtsbarkeit in der Bundesrepublik

Zur Überleitung auf die Zeit nach 1945 kann ich leider nicht mehr auf die Porträts der ersten Präsidenten des BVerwG verweisen, die hier bis zum Jahre 2002 an der Wand hingen, seither aber in Leipzig still aber konzentriert vor sich hin schimmern. So kann ich nur umstandslos darauf hinweisen, dass auch die restlichen Verwaltungsgerichte, soweit sie noch formal bestanden, 1945 durch Militärregierungsgesetz Nr. 2 geschlossen wurden, aber bereits Ende 1946 durch Kontrollratsgesetz Nr. 36 in den westlichen Besatzungszonen wieder eingeführt wurden.

In der **Bundesrepublik** stellte dann das Grundgesetz die entscheidenden Weichen für den Zuschnitt der heutigen deutschen Verwaltungsgerichtsbarkeit. Die Zersplitterung des verwaltungsgerichtlichen Verfahrensrechts, die der Tatsache geschuldet war, dass die Verwaltungsgerichte zunächst in den verschiedenen Ländern und nach dem Krieg in den verschiedenen Besatzungszonen ihren Anfang nahm, wurde durch das Inkrafttreten der Verwaltungsgerichtsordnung im Jahre 1960 endgültig beseitigt.

---

[10] Vgl. *Sendler* VBlBW 1989, 41, 45.

Die Verwaltungsgerichtsbarkeit der Bundesrepublik wurde vor allem durch zwei Bestimmungen des Grundgesetzes geprägt:

Zum einen durch Art. 19 Abs. 4 GG, wonach jeder, der durch die öffentliche Gewalt in einem Recht verletzt wird, gerichtlichen Rechtsschutz in Anspruch nehmen kann. Also eine umfassende Generalklausel, die einen lückenlosen Rechtsschutz ermöglicht.

Zum anderen Art. 1 Abs. 3 GG, wonach die Grundrechte unmittelbare Bindungswirkung für Legislative, Exekutive und Judikative entfalten. Der stärkere Fokus auf die Grundrechte führte zu einer Sensibilisierung in der Rechtsauslegung und Rechtsanwendung – Stichworte wie „verfassungskonforme Rechtsauslegung" oder die Anwendung des Grundsatzes der Verhältnismäßigkeit in allen Lebenslagen des Verwaltungsalltags weisen auf diese Sensibilisierung hin.

Der frühere Präsident des Bundesverwaltungsgerichts *Werner* hat diesen Sachverhalt prägnant bezeichnet mit dem berühmten Satz:

„Verwaltungsrecht ist konkretisiertes Verfassungsrecht".

Der oben zitierte Satz *Otto Meyers* „Verfassungsrecht vergeht, Verwaltungsrecht besteht" ist damit weitgehend obsolet geworden.

Diese unmittelbare Grundrechtsbindung wird auch in der Metapher deutlich, das Bundesverwaltungsgericht sei der „kleine Bruder" des Bundesverfassungsgerichts, oder die Verwaltungsgerichtsbarkeit die kleine Schwester – gegendert könnten wir uns auch auf das „kleinere Geschwister" einigen.

In diese Richtung gehen auch Formulierungen wie: Das Verfassungsgericht sei der Grundpfeiler des Rechtsstaats, die Eckpfeiler seien die Verwaltungsgerichte.

Mir ist diese Metaphorik mit der Großarchitektur von Säulen und Pfeilern nicht so ganz geheuer. Zum einen war mir als ehemaligem kleinen Ziegelstein eines Eckpfeilers gar nicht so recht bewusst, welch ungeheure Last ich zu tragen hatte – das ganze Haus des Rechtsstaats nämlich. Zum anderen scheint mir die Bedeutung der Verwaltungsgerichtsbarkeit dann doch etwas zu euphorisch dargestellt zu sein.

Trotz meines Hangs zu mehr Bescheidenheit wollte ich Ihnen diese Zitate nicht vorenthalten, und zwar vor allem aus didaktischen Gründen: Die bildhafte Übertreibung bringt oft einen größeren Erkenntnisgewinn als die ausgewogene Rede.

Und der Erkenntnisgewinn soll sein:

Die umfassende Zuständigkeit und der verfassungsrechtlich erweiterte Prüfungsumfang haben in der Bundesrepublik zu einem Bedeutungszuwachs der Verwaltungsgerichtsbarkeit geführt, der sich auch rein äußerlich darin niederschlägt, dass wir heute eine dreistufige Gerichtsbarkeit haben (VG, OVG/VGH, BVerwG) gegenüber der früheren Einstufigkeit.

Diesem Bedeutungszuwachs steht – wenn man so will – inhaltlich eine gewisse Beschränkung gegenüber: Das letzte Wort in Verfassungsfragen hat das Bundesverfassungsgericht, dem man ja jedenfalls Wortfaulheit nicht nachsagen kann.

Eine ganz ähnliche Entwicklung (Bedeutungszuwachs bei gleichzeitiger inhaltlicher Beschränkung) ist auf dem Gebiet des Europarechts festzustellen. Die deutschen Richter im Allgemeinen und die Verwaltungsrichter im Besonderen haben in zunehmendem Maß Europarecht anzuwenden, sei es in Form nationaler Gesetze zur Umsetzung von EU-Richtlinien, sei es in Form von EU-Verordnungen. Insbesondere im Wirtschaftsverwaltungsrecht, im Planungsrecht, im Subventionsrecht und im Umweltrecht ist fast immer auch Europarecht im Spiel. Insoweit ist jeder deutsche Richter auch „Europarichter", der das nationale Recht europarechtskonform auszulegen und dabei auch den vom EuGH entwickelten effet utile zu berücksichtigen hat. Hat ein Richter der letzten Instanz Zweifel hinsichtlich einer europarechtlichen Frage, muss er diese in einem Vorabentscheidungsverfahren dem EuGH vorlegen.

Diese europarechtliche Einbindung besteht zwar seit gut 60 Jahren, wird aber auf der Gerichtsebene erst in den letzten etwa 20 Jahren ihrer Bedeutung entsprechend wahrgenommen. Noch zum 125-jährigen Bestehen der deutschen Verwaltungsgerichtsbarkeit hat etwa *Horst Sendler* in seinem damaligen Festvortrag die europarechtliche Ebene gar nicht erwähnt. Das war auch verständlich. Von Beginn der Statistik des EuGH im Jahr 1952 bis Ende 1980 gab es insgesamt nur neun Vorabentscheidungsersuchen durch das BVerwG. Inzwischen sind es etwa 100 Ersuchen, davon allein 50 in den letzten zehn Jahren.[11] Der

---

[11] *von Danwitz* NVwZ-Beilage 1/2013, 44.

deutsche Richter am EuGH, *von Danwitz*, hat deshalb jüngst zu Recht von einem veritablen Rechtsprechungsdialog zwischen BVerwG und EuGH gesprochen.

Der Bedeutungszuwachs durch unmittelbare Prüfung von Verfassungs- und Europarecht weist übrigens auf ein Phänomen hin, das den Verwaltungsrichter tendenziell stärker betrifft als andere Gerichtsbarkeiten: Das Problem des sog. Mehr-Ebenen-Rechts. Eine Wasserabgabesatzung als Rechtssetzung einer kleinen Gemeinde beruht auf einer landesrechtlichen Ermächtigungsgrundlage, die sich im Rahmen einer bundesrechtlichen Regelung halten muss, die ihrerseits verfassungskonform sein muss und zudem eine EU-Richtlinie umzusetzen hatte.

Der Verwaltungsrichter muss sich hier also im Prinzip auf fünf Ebenen bewegen – ein akrobatischer Akt, der zwar nicht immer sturzfrei gelingt, sonst aber das wohlige Gefühl vermittelt, das manche nach dem erfolgreichen Lösen eines Kreuzworträtsels oder – aktueller – eines Sudokas haben mögen.

8. Die Rechtsprechung als Spiegel der Zeitgeschichte

Das eigentlich Spannende an der Verwaltungsgerichtsbarkeit ist aber, dass der Inhalt der Rechtsprechung als verlässlicher Spiegel der gerade aktuellen politischen und gesellschaftlichen Verhältnisse gelten kann. Ein kurzer Blick auf die Rechtsprechung nach 1945 bestätigt diesen Befund. In der unmittelbaren Nachkriegszeit hatte die Verbesserung der Versorgungssituation erste Priorität. So waren die Verwaltungsgerichte damals vor allem mit Fragen des Preis- und Flüchtlingsrechts, der Wohnraumbewirtschaftung und des Rechts der Heimkehrer befasst. Danach folgten zahlreiche Verfahren um Lastenausgleich und Besatzungsschäden. In den 50-er und 60-er Jahren rückten die bau- und abgaberechtlichen Fragen in den Vordergrund und spiegelten den Wiederaufbau und die ersten Erfolge des Wirtschaftsaufschwungs wider. Im Gefolge des Vietnamkriegs kam es Anfang der 70-er Jahre zu einer regelrechten Welle von Verfahren wegen Wehrdienstverweigerung. Die Reihe ließe sich fortsetzen mit den numerus clausus Verfahren und dann dem Riesengebirge an Asylverfahren in den 80-er und 90-er Jahren sowie den großen Verfahren betreffend die Planung von Flughäfen, Bahnstrecken und Fernstraßen.

Die Palette der Rechtsgebiete ist damit nur angedeutet – sie ist so vielfältig wie das richtige Leben. Vielleicht stellen Sie sich hier die Frage, ob es Rechtsgebiete gibt, die der Verwaltungsrichter/in lieber mag und solche, die er nicht mag. Auch wenn sie die Frage jetzt nicht stellen, werde ich sie beantworten: Natürlich ist das so. Da es dabei aber um subjektive Einschätzungen geht und die Menschen auch in ihrer Eigenschaft als Verwaltungsrichter verschieden sind, muss ich die Frage aus meiner Perspektive beantworten.

Am liebsten waren mir solche Verfahren, die einer Ortsbesichtigung bedurften. Also das Bau- und Planungsrecht, Straßen- und Wegerecht, Wasserrecht, Gemeindegebietsreform, unschlagbar – aber leider sehr selten – Fälle aus dem Jagdrecht und – oho – dem Weinrecht. Hier hat man Land und Leute kennen gelernt und konnte das Gefühl entwickeln, wie Faust II an der Urbarmachung des Landes, der Entwässerung der Sümpfe beteiligt zu sein.

Die Asylverfahren bildeten auf der Beliebtheitsskala bei mir das andere Ende. Nicht dass sie uninteressant gewesen wären. Im Gegenteil: Wir hatten über jedes Herkunftsland umfangreiche Materialsammlungen zur politischen und wirtschaftlichen Lage, also sozusagen einen Crash-Kurs in aktueller Weltkunde. Trotzdem: Die Verfahren hatten etwas Frustrierendes. Es war zwar meist klar ersichtlich, dass es sich bei den Klägern um hilfsbedürftige Menschen handelte, aber eine politische Verfolgung lag in der weit überwiegenden Zahl der Fälle eben nicht vor. Wurden die Asylklagen deshalb abgewiesen, blieben die Kläger gleichwohl meistens hier, weil eine Abschiebung aus mancherlei Gründen unterblieb. Manch erfolgreichem Bewerber hingegen konnte das positive Urteil gar nicht mehr zugestellt werden, weil er inzwischen nach Kanada oder sonst wohin weiter gereist war.

Außerdem: Die Feststellung der Tatsachen erwies sich als meist sehr schwierig und man hatte immer das Gefühl, sich auf sehr schwankendem Boden zu befinden. Hätte man zur Erhebung von Beweisen auch in Asylverfahren Ortsbesichtigungen z.B. in Ostanatolien oder dem Hindukusch durchführen können – dann freilich wären sie auf der Beliebtheitsskala auch bei mir ganz nach oben gerutscht.

Die Tücken des Asylrechts bildeten übrigens den Hintergrund für das Attentat, das 1987 auf den Vorsitzenden des Asylsenats des Bundesverwaltungsgerichts Günther Korbmacher verübt wurde.

Es ging um die Frage, ob drohende Folter als solche einen Asylgrund darstellt. Diese Frage hatte der damalige 9. Senat verneint. Werde z.B. ein Drogenhändler gefoltert, um die Drahtzieher des Handels zu erwischen, so sei die Folter nicht im asylrechtlich relevanten Sinn politische motiviert. Am Schluss der Entscheidung hieß es dann, die drohende Folter sei aber stets ein Abschiebungshindernis. Die Überschrift der Presseerklärung lautete: „Folter als solche kein Asylgrund". Das hat Akteure der roten Zelle so aufgeregt, dass sie sich zum dem Attentat (Schüsse in die Beine) angestachelt fühlten. Hätte die Überschrift gelautet: „Keine Abschiebung bei drohender Folter" – so wäre mir ziemlicher Sicherheit nichts passiert. Diese Überschrift hätte den Lebenssachverhalt im Übrigen auch besser wiedergegeben: Denn für den Betroffenen ist doch primär entscheidend, dass er nicht dem Folterstaat ausliefert wird, erst sekundär, ob er das „richtige" Asyl erhält oder nur das sogenannte kleine Asyl, sprich Abschiebungsschutz.

9. Herausforderungen
nach der Wiedervereinigung

Eine große Herausforderung für die Verwaltungsgerichtsbarkeit – wie für viele andere Juristen auch – war ab 1990 mit der Wiedervereinigung verbunden.

Völlig neue Rechtsgebiete mussten erarbeitet und strukturiert werden, so insbesondere das Vermögensrecht nach dem Grundsatz „Rückgabe vor Entschädigung", das Recht der Rehabilitierung und vieles mehr. Die Verkehrsverbindungen zwischen Ost und West bedurften dringend der Erneuerung und Verbesserung. Zur Verfahrensbeschleunigung wurde deshalb das Bundesverwaltungsgericht erst- und letztinstanzlich zuständig für solche wichtigen Verkehrsinfrastrukturmaßnahmen, z.B. die Ostseeautobahn A 20 oder auch den Flughafen Berlin – Schönefeld. Diese Zuständigkeit war ursprünglich auf fünf Jahre beschränkt, wurde aber zeitlich bis heute gestreckt und auch inhaltlich ausgedehnt auf Planungen, die mit der Wiedervereinigung nichts zu tun haben, so jüngst auf gewisse Stromleitungen. Der Gesetzgeber hat das erstinstanzliche BVerwG so lieb gewonnen, weil der beabsichtigte Beschleunigungseffekt auch tatsächlich eingetreten ist.

Wir haben diese Entwicklung zwar als systemwidrig kritisiert. Für manche Kollegen waren die neuen Zuständigkeiten aber ein willkommener Anlass, wieder wie früher als Tatsachenrichter des Verwaltungs- oder Oberverwaltungsgerichts eine Ortsbesichtigung durchzuführen und angetan mit Gummistiefeln und wichtiger Miene z.B. das Elbeufer näher in Augenschein zu nehmen, das im Rahmen des Bundeswasserstraßengesetzes eine Veränderung erfahren sollte.

Es ist in dieser Zeit auch intensiv darüber diskutiert worden, ob die DDR denn nun ein „Unrechtsstaat" gewesen sei. Es wurde z.B. argumentiert, von einem Unrechtsstaat könne allenfalls teilweise gesprochen werden; denn auch in der DDR habe es auf vielen Gebieten eine funktionierende Rechtsordnung gegeben, z.B. im Strafrecht, im Straßenverkehrsrecht, auch im Zivilrecht und im Familienrecht.

Diese Argumentation übersieht das Wesentliche. Es geht nicht darum, ob ein Staat überhaupt oder wie viele Gesetze hat; ein Staat ohne Gesetze könnte gar nicht als Staat bezeichnet werden, sondern eher als Chaos. Ob aber die bestehende Rechtsordnung das Urteil Rechts- oder Unrechtsstaat zulässt, hängt allein davon ab, ob der Staat sich bei der Ausübung seiner Gewalt selbst am Recht orientiert, oder ob er auf diesem Gebiet letztlich „auf das Recht pfeift", wie das *Horst Sendler* einmal formuliert hat.

In der DDR aber traf dieser Befund zu: Die Exekutive war in den wesentlichen Fragen im Ernstfall nicht vom Recht, sondern von der Partei abhängig, deren Entscheidungen selbstverständlich keiner unabhängigen Gerichtskontrolle unterlagen.

Zu den großen Herausforderungen nach der Wende gehörte es auch, in den – wie lange noch so genannten – neuen Ländern die Verwaltungsgerichtsbarkeit völlig neu aufzubauen. Das war für einige Westkollegen natürlich eine willkommene Karrierechance, aber für viele „Aufbauhelfer" auch eine Zeit großen Engagements, verbunden mit einem Schuss Abenteuer, das aus der Improvisation beim Stande Null entsprang.

Wenn Sie mit einem solchen Kollegen oder einer Kollegin über diese Jahre sprechen wollen, müssen Sie viel Zeit einplanen – die Geschichten und Geschichterln nehmen kein Ende.

10. Schaffung
eines einheitlichen
Fachgerichts?

Bevor ich zu Ende komme, muss ich doch darauf hinweisen, dass der Verwaltungsgerichtsbarkeit selbst vor einem knappen Jahrzehnt fast das Ende gedroht hätte, zwar nur nominell, also dem Namen nach, aber doch dramatisch genug, um es hier nicht unter den Tisch fallen zu lassen.

Was war geschehen? Im Rahmen der Hartz IV Reformen wurden die Leistungen der Sozialhilfe und der Arbeitslosenhilfe in gewissem Umfang zusammengeführt zum Arbeitslosengeld II. Der Gesetzentwurf der Bundesregierung sah für Streitigkeiten noch den Verwaltungsrechtsweg vor. In einer nächtlichen Sitzung des Vermittlungsausschusses des Bundestags wurde dann aber gegen halb vier Uhr morgens die gesamte Materie, also einschließlich der Sozialhilfe, auf die Sozialgerichte übertragen, um – wie es hieß – die berühmten sechs Abweichler der Regierungskoalition doch noch ins Boot zu holen. Diese waren wohl der Ansicht, die Sozialgerichte würden „sozialer" entscheiden wie die Verwaltungsgerichte; die Sozialgerichte stünden den Gewerkschaften auch näher.

Wie dem auch sei, die Zuständigkeitsverlagerung brachte den Sozialgerichten eine deutliche bis dramatische Zunahme an Fällen, während nahezu gleichzeitig die Eingangszahlen bei den Verwaltungsgerichten wegen des Wegfalls der Sozialhilfe, aber vor allem auch wegen der rückläufigen Zahlen bei Asylverfahren zurückgingen. Zum Ausgleich dieser Belastungsunterschiede konnte man wegen der Unabhängigkeit der Richter nicht einfach Verwaltungsrichter an ein Sozialgericht versetzen. Also kam der Gedanke auf, die Verwaltungsgerichte mit den Sozialgerichten, und eventuell auch noch mit den Finanzgerichten, zu einer einheitlichen Gerichtsbarkeit zusammenzulegen.

Ich will – in Ihrem wohlverstandenen Interesse – die Argumente für und wider eine solche Zusammenlegung hier nicht im Einzelnen ausbreiten. Aber: Es gab im Jahr 2004 tatsächlich einen Gesetzentwurf zur Zusammenlegung der entsprechenden Gerichte der Länder (also nicht der Bundesgerichte), in dem die aus der Zusammenlegung entstehenden Gerichte eine ganz neue Bezeichnung erhalten sollten: Die erste Instanz sollte „einheitliches Fachgericht" und die zweite Instanz „einheitliches Oberfachgericht" heißen.[12]

Nun soll man sich im Grundsatz ja nicht so sehr um Worte, sondern mehr um Inhalte streiten. Hier aber sträuben sich einem – jedenfalls mir – doch die Rückenhaare: In der ganzen Welt heißen die Gerichte, die sich zusammengefasst mit dem allgemeinen Verwaltungsrecht, dem Steuerrecht oder dem Sozialrecht befassen eben *Verwaltungsgericht, administrative court, tribunal administratif, tribunal amministrativo.*

Warum sollten wir auf diesen gängigen und einleuchtenden Begriff verzichten? Vielleicht aus psychologischer Rücksicht auf die Kollegen der Finanz- und Sozialgerichtsbarkeit, die sich sonst von der Verwaltungsgerichtsbarkeit geschluckt fühlen könnten? Das erscheinen mir keine einleuchtenden Gründe zu sein. Wenn der Gesetzgeber eine Zusammenlegung durchsetzt – was sein gutes Recht ist – dann sollte er das neue Gericht so bezeichnen, dass seine Funktion – die Kontrolle der Verwaltung – auch in seinem Namen zum Ausdruck kommt.

11. Ausblick

Die Verwaltungsgerichtsbarkeit hat diese Attacke – wie Sie sehen – überlebt und es gibt gute Gründe für die Annahme, dass sie sich auch künftig kräftig entwickeln wird. Unsere schnelllebige Zeit erfordert auch eine ständige Anpassung der gesetzlichen Regelungen an die sich ändernden Umstände. Kaum haben die Gerichte ein Rechtsgebiet einigermaßen „im Griff", werden sie von einem neuen Gebiet gefordert. So war es mit dem Fachplanungsrecht, das durch das europäische Umweltrecht wesentlich andere Akzente erfuhr, mit dem Asylrecht durch die Neufassung des Art. 16 a GG, mit dem Atomrecht durch die Energiewende, wir werden

---

[12] Vgl. BT-Drs. 15/4109.

durch die Regulierungsverwaltung neue Probleme zu bewältigen haben, um nur einige Schwerpunkt zu nennen.

Man kann das auch so sehen: Immer, wenn wir einen Problembrocken den Lösungsberg hinaufgerollt haben, kam er wieder nach unten, um wieder aufs Neue nach oben gerollt zu werden.

Sie merken schon, ich will auf Sisyphos hinaus, der den Stein immer wieder den Berg hinauf rollte. *Albert Camus* hat dazu den bemerkenswerten Essay „Der Mythos des Sisyphos" geschrieben, dessen letzter Satz – richtig übersetzt – lautet: „Wir müssen uns den Verwaltungsrichter und – so viel Zeit muss noch sein – auch die Verwaltungsrichterin als glückliche Menschen vorstellen".

Schriftenreihe der Juristischen Gesellschaft zu Berlin

Frühere Hefte auf Anfrage
Mitglieder der Gesellschaft erhalten eine Ermäßigung von 40 %